Qué dulce: Dentro de una panadería

Lisa Greathouse

Asesor

Timothy Rasinski, Ph.D.
Kent State University

Créditos

Dona Herweck Rice, *Gerente de redacción*

Lee Aucoin, *Directora creativa*

Robin Erickson, *Diseñadora*

Conni Medina, M.A.Ed., *Directora editorial*

Stephanie Reid, *Editora de fotos*

Rachelle Cracchiolo, M.S.Ed., *Editora comercial*

Créditos de las imágenes

Cover Ruth Black/Shutterstock; p.3 lazlo/Shutterstock; p.4-5 Oleg Golovnev/Shutterstock; p.4 top to bottom: brytta/Shutterstock; Andy Heyward/Shutterstock; p.5 Gordana Sermek/Shutterstock; p.6 George Muresan/Shutterstock; p.7 left to right: areashot/Shutterstock; Wavebreakmediamicro/Dreamstime; p.7 bottom: gerenme/iStockphoto; p.8 Claudia Dewald/iStockphoto; p.9 top to bottom: Subbotina Anna/Shutterstock; Dmitry Fisher/Shutterstock; p.10 goodgold99/Shutterstock; p.11 top inset: Robert Neumann/Shutterstock; p.11 bottom inset: wavebreakmedia ltd/Shutterstock; p.11 top: hidesy/iStockphoto; p.11-12 Mike Rodriguez/iStockphoto; p.12 Catalin Petolea/Shutterstock; p.13 inset: Oleksii Abramov/Shutterstock; p.13 Bryan Solomon/Shutterstock; p.14-15 Elena Schweitzer/Shutterstock; p.14 bottom Susan Ashukian/istockphoto; p.15 Louie Psihoyos/Corbis; p.15 inset: Artistic Endeavor/Shutterstock; p.16 top: Sam Yeh/AFP/Getty Images/Newscom; p.16 bottom: photovideostock/iStockphoto; p.17 top: James Steidl/Shutterstock; p.17 bottom: Tim Bradley; p.18 Ruth Black/Shutterstock; p.19 top: Dan Peretz/Shutterstock; p.19 bottom: Thomas M Perkins/Shutterstock; p.20-21 Nate A.; Amero/Shutterstock; p.20 inset: Lauri Patterson/iStockphoto; p.21 Marcel Jancovic/Shutterstock; p.22 Olga Utlyakova/Shutterstock; p.23 bottom: bonchan/Shutterstock; p.23 top: Sally Scott/Shutterstock; p.24 top to bottom: Carmen Steiner/Shutterstock; geniuscook_com/Shutterstock; Brian Weed/Shutterstock; Robyn Mackenzie/Shutterstock; p.25 top to bottom: Catalin Petolea/Shutterstock; highviews/Shutterstock; William Berry/Shutterstock; Komar Maria/Shutterstock; seroymac/Shutterstock; p.26 auremar/Shutterstock; p.27 top: Michael Gatewood/iStockphoto; p.27 inset: Jack Puccio/iStockphoto; p.28 Yuri Arcurs/Shutterstock; p.29 left to right Alexander Raths/Shutterstock; Bochkarev Photography/Shutterstock; p.29 inset: caracterdesign/iStockphoto; p.32 Subbotina Anna/Shutterstock; background: Wojtek Jarco/Shutterstock; Krisztina Farkas/Shutterstock; Scorpp/Shutterstock; wdstock; seanami; SDbT; bradwieland; LanceBLance/iStockphoto; back cover: Elena Schweitzer/Shutterstock

Teacher Created Materials

5301 Oceanus Drive
Huntington Beach, CA 92649-1030
http://www.tcmpub.com

ISBN 978-1-4333-4478-7

© 2012 Teacher Created Materials, Inc.
Printed in China
Nordica.072018.CA21800844

Tabla de contenido

Visita a una panadería

¿Eres goloso? ¡Visitemos la **panadería**!

Hay mucho para elegir. Hay pasteles, galletas, dulces y tartas. Puedes encontrar masas y panes. Y no olvides los pastelillos. ¡Mmm! Un dulce **aroma** te recibe cuando entras. Hay rollos de canela recién salidos del horno.

¿Quién necesita un horno?

El arte de hornear se remonta al antiguo Egipto. Probablemente, el primer producto horneado haya sido un pan plano y redondo cocinado sobre una piedra caliente.

Las **rosquillas** glaseadas y el café recién hecho llenan los estantes. Mira dentro de la vitrina. Cada estante está lleno de deliciosos dulces. Pero, ¿cómo se hace todo esto?

Hornear es todo un proceso. Aquí, los panaderos amasan la masa hasta llegar al punto justo.

La mañana es el momento más atareado en la panadería. El personal comienza a trabajar temprano, ¡incluso antes de que amanezca! Hay mucho por hacer antes de que la panadería abra sus puertas.

El salón trasero puede ser más grande que el delantero, donde están las vitrinas. En el salón trasero, mezcladoras gigantes preparan la masa para el pan y la mezcla de los pasteles. Los panaderos enrollan la masa en grandes encimeras. Los pasteles y pastelillos se decoran con espirales de glaseado. Los panaderos deslizan grandes bandejas con panes dentro de hornos enormes. El fondo de la panadería es el lugar donde está la acción.

Domina las medidas

Para hornear, es importante hacer **mediciones** precisas. Tómate un momento para ver cómo son estas medidas comunes. Podrás leer una **receta** y predecir qué sabor tendrá incluso antes de prepararla.

1 cucharadilla

1 cucharada

1 taza

1 cuarto de galón

1 galón

Los panaderos pesan cuidadosamente la mantequilla. ¡La medida debe ser exacta!

El arte de hornear pan

A las 4 A.M., los panaderos miden la harina, **levadura**, agua y sal. Estos **ingredientes** se combinan para hacer la masa del pan. Todo se coloca en una mezcladora gigante. Después de que la mezcla está lista, los panaderos la **amasan** con las manos o con una máquina. Estiran la masa, la doblan, la aprietan y la dan vuelta.

un panadero amasando

Algunos panes tienen formas interesantes. Esta masa tiene forma de espiral.

La ciencia de hornear pan

Hay mucha ciencia en el horneado del pan. De hecho, ¡la levadura de la masa está viva! La levadura es un tipo de **hongo**. Reacciona con el azúcar de la masa para crear **dióxido de carbono**. Esto hace que la masa se eleve. La levadura también le da al pan una **textura** ligera y aireada.

Una vez que la masa sube, el panadero le da forma. El pan está listo para colocarse en un molde. También se le puede dar una forma larga (como un **baguete**), de aro (como un bagel) o incluso un *pretzel*. El pan se puede hacer de muchas formas. Luego, se deja reposar la masa para que se eleve de nuevo antes de ponerla en el horno. La temperatura y el tiempo de cocción dependen de la forma y del tamaño de la masa.

una rebanadora de pan

¡Lo mejor desde que se inventó el pan rebanado!

La próxima vez que busques una rebanada de pan para un sándwich, recuerda esto: no fue sino hasta 1928 que el inventor Otto Frederick Rohwedder ideó una máquina para rebanar pan. Hasta entonces, las personas compraban los panes enteros y los rebanaban ellas mismas.

El poder de la harina

La harina es el ingrediente principal para hacer el pan. Blanca, integral, de trigo, de centeno, masa fermentada, mixta: ¡hay tantas clases de harina como clases de panes!

Hay muchos tipos de masa. Algunas sólo se usan para pastelería. Este tipo de masa tiene harina, sal, azúcar, huevos y mantequilla. La mantequilla o la **materia grasa** le da una textura hojaldrada o tierna. Como no tiene levadura como el pan, no se eleva.

Queda plana. Eso hace que sea más fácil estirarla usando un **rodillo de amasar**.

En la panadería, se venden tartas de manzana, cereza y fresa. ¡Mmm! ¿Cuál es tu favorita?

Puedes hacer tu propia masa de tarta en casa.

Tartas populares

¡La tarta de manzana es la delicia perfecta! Este plato favorito de los estadounidenses es muy popular en verano y otoño.

Si tienes mucha hambre, puedes compartirla con un amigo.

$\frac{1}{2}$

Si tienes dos amigos, aún tendrás mucha tarta.

$\frac{1}{3}$

¿Y si hay 8 personas que quieren postre? Tendrás que cortar trozos más pequeños.

$\frac{1}{8}$

Tendrás un postre suculento si compartes la tarta entre cuatro.

$\frac{1}{4}$

Si hay una fiesta, puedes cortar 16 porciones pequeñas. ¡Es la receta del éxito!

$\frac{1}{16}$

¡Todo lo que esta tapa de masa necesita es un sabroso relleno y alguien que se la coma!

Dulces deliciosos

Con chispas de chocolate. De avena con pasas. De azúcar. De canela y azúcar. ¿Cómo sería la vida sin galletas dulces?

La mayor parte de las mezclas para galletas comienzan con harina, huevos, azúcar y mantequilla. Pero los panaderos pueden agregarles otros ingredientes. Nueces, vainilla y pasas son algunos deliciosos ingredientes. También se pueden glasear las galletas. Algunas panaderías venden una **docena** de galletas diferentes.

Los moldes para galletas tienen muchas formas distintas. Hay estrellas, corazones, copos de nieve, ¡hasta huesos para perro!

¿De qué otras formas puedes cortar una galleta?

La galleta más famosa

¿Sabías que la galleta con chispas de chocolate se inventó por accidente? En 1930, Ruth Wakefield mezclaba una hornada de galletas dulces para sus invitados en la posada Toll House. Pero se quedó sin cacao en polvo para repostería. En su lugar, usó trocitos de chocolate. ¡Así nació la galleta de chispas de chocolate!

¿Lo sabías?

En el 2003, una empresa panificadora hizo la galleta más grande del mundo, de 102 pies de **diámetro**. ¡Se necesitaron 40,000 libras de ingredientes para hacer la masa! ¿Qué tenía esta galleta? Chispas de chocolate, por supuesto.

102 pies

Estos pasteles son casi demasiado especiales para comérselos.

La masa crece...

La mezcla del pastel no lleva levadura. Entonces, ¿cómo se eleva mientras se hornea? El ingrediente secreto es el **polvo de hornear**. El dióxido de carbono hace que el pastel sea esponjoso.

PIES INSIDE
SH BR... CITY BAKE...

PIES
APPLE $14.00 - APRICOT $
BLUEBERRY $14.50 Boysenberry $
APPLE - RHUBARB

¡Los pasteles son lo máximo!

Una fiesta no es una fiesta si no hay un pastel. Muchas panaderías hacen pasteles creativos. Las personas que diseñan y decoran los pasteles no solo son panaderos, ¡también son artistas!

A algunas personas les gusta que los pasteles muestren algo sobre sus intereses. Algunos pasteles tienen forma de perros, aves, automóviles, trenes, casas, pianos y hasta robots. ¡Cada pastel es una deliciosa obra de arte!

Pasteles de bodas

El pastel de bodas cumple un gran papel en este gran día para una pareja. Algunos pasteles miden varios pies de alto y tienen hasta seis **niveles**. Pueden tener cintas y flores, que parecen muy reales, pero son comestibles.

adorno del pastel

espigas

base de los niveles

¡Los pastelillos son grandes!

Los pastelillos pueden ser pequeños, pero son un gran negocio. Algunas panaderías sólo venden pastelillos.

Hace años, la mayoría de los pastelillos eran simples. Se hacían con mezcla para pastel de vainilla o chocolate y con glaseado de esos mismos sabores.

En la actualidad, la mezcla puede ser de pastel rojo o de zanahorias. Los colorantes de alimentos pueden hacer que el glaseado sea prácticamente de cualquier color. Algunos panaderos rellenan los pastelillos con crema de mantequilla o cremas dulces.

Pastelillos competitivos

Los pastelillos están tan de moda que existe un programa de televisión donde compiten panaderos que hacen pastelillos. ¡El panadero que recibe el mejor puntaje de los jueces por sus pastelillos gana!

No solo es cosa de niños

En los Estados Unidos, se comen más de 500 millones de pastelillos al año.

Locos por las rosquillas

Son simples pasteles redondos con un hoyo en el centro. Pero las rosquillas son uno de los productos más vendidos en las panaderías.

Las rosquillas se hacen con una pequeña porción de masa en forma de aro. Se fríen en aceite caliente. Algunas no tienen un hoyo en el centro y se les rellena con jalea o crema. No todas son redondas. Algunas rosquillas son una barra larga, y otras son trenzadas. Se pueden decorar con glaseado, chispitas, chocolate, nueces, ¡o cualquier otro ingrediente!

La parte que falta

¡Una de las partes más populares de las rosquillas es la que no existe! Los panaderos fríen pequeñas bolitas de masa y las venden como "hoyos de rosquilla."

El descubrimiento de las rosquillas

Nadie sabe a ciencia cierta cómo se inventaron las rosquillas. Pero se cree que los colonos holandeses trajeron el *olykoek*–que significa "pastel caliente dulce frito en grasa"– a Norteamérica. Estos pasteles tenían fruta en el medio. Se cree que el primero que hizo un hoyo en el centro de la masa fue un adolescente estadounidense que trabajaba en un barco mercante en 1847.

Fiebre por los panecitos

Los panecitos son una mezcla entre un pan y un pastelillo. No son tan dulces como los pastelillos. Pero, a diferencia del pan, los panecitos se hacen con un tipo de mezcla para pastel. La mezcla se coloca en las tazas de un molde para panecitos. La mezcla se eleva sobre el borde de la taza. Esto le da al panecito terminado la forma de un hongo gigante. Los ingredientes adicionales, como frutas y chispas de chocolate, pueden cocinarse dentro del panecito.

El panecito gigante

Los moldes estandares para panecitos tienen tazas de $2\frac{1}{2}$ pulgadas de diámetro. Pero, en la actualidad, los panecitos gigantes son muy populares. Los moldes de estas tazas tienen $3\frac{1}{4}$ pulgadas de diámetro.

¿Conoces al vendedor de panecitos?

Los panecitos son populares desde el siglo XVIII. En Inglaterra, los vendedores de panecitos caminaban llevando bandejas con panecitos sobre la cabeza y haciendo sonar una campana para que las personas les compraran estos manjares.

Alrededor del mundo

Los productos de panadería les encantan a las personas de todo el mundo. Los más populares dependen del lugar donde te encuentres. ¿Cuáles de estos dulces te gustan?

País	Producto horneado	Qué es	
Alemania	strudel (STROOD-l)	un pastel con forma de rollo largo que suele tener relleno de fruta y cobertura glaseada	
Austria	sacher torte (SAH-KER TAWRT)	un pastel de chocolate de dos capas con relleno de jalea de damasco	
Australia	pavlova	un pastel ligero con cobertura crocante por fuera y malvavisco suave por dentro	
Dinamarca	masa danesa	un pastel hojaldrado con mantequilla doblado en capas; se puede recubrir con chocolate, azúcar, glaseado, jalea o crema pastelera	

País	Producto horneado	Qué es	
Francia	croissant (kruh-SAHNT)	un rollo sustancioso de mantequilla con forma de medialuna	
India	barfi (BAHR-fee)	plana y espesa como los pasteles de queso, se hace cocinando azúcar y leche evaporada, con un ingrediente principal, como nueces	
Italia	biscotti (bih-SKOT-ee)	una galleta dulce seca, alargada y dura que se hornea dos veces	
México	tres leches	un pastel dulce, compacto y esponjoso que se sumerge en tres tipos de leche	
Turquía	baklava (BAHK-lah-vah)	un pastel sustancioso y dulce que se hace con finas capas de masa y se rellena con nueces cortadas y almíbar o miel	

El negocio de hornear

Para dirigir una panadería exitosa se necesita algo más que recetas. Se necesita aptitud para los negocios. Hace falta contratar empleados y solicitar equipos, suministros e ingredientes. Para crear el menú perfecto se requiere planificación. (En algunas panaderías, también se sirven sopas y sándwiches.)

Un buen plan de **marketing** ayuda a publicitar el negocio. Un sitio en Internet permite que los clientes hagan pedidos en línea. Por último, la **contabilidad** y la **preparación de un presupuesto** mantienen el negocio en marcha para que se puedan pagar las cuentas.

Estos panaderos trabajan arduamente haciendo cosas ricas para que las disfrutes.

Docena de panadería

Una docena son 12 unidades de algo. Pero, cuando pides una docena de rosquillas, es posible que te den 13. A eso se le llama una docena de panadería.

La próxima hornada

¿Te encanta estar en la cocina? ¿Disfrutas preparar hornadas de galletas o cocinar tartas? ¿Te gusta mirar programas de televisión sobre chefs que crean pasteles maravillosos? ¡Tal vez quieras ser panadero!

Los panaderos deben tener una buena educación. Es importante centrarse en las matemáticas. Trabajan con muchas medidas y fracciones. La mayor parte de los panaderos estudian arte **culinario**. Estas universidades se especializan en ciencias, arte, matemáticas y negocios aplicados a la cocina y la panadería.

¿Quién sabe? ¡Tal vez inventes la próxima gran receta de galletas!

Mira, aprende, ¡y cocina!

Algunos panaderos se convierten en **aprendices**. Estas personas trabajan con otras que tienen más experiencia y aprenden de ellas.

Glosario

amasar—mezclar presionando, doblando y estirando

aprendices—personas que trabajan con otras para aprender sus habilidades u oficios

aroma—olor agradable

baguete—barra larga de pan, originaria de Francia

contabilidad—mantener registros del dinero que se cobra y se paga en un negocio

culinario—todo lo relacionado con cocinar u hornear

diámetro—ancho de un círculo, esfera o cilindro

dióxido de carbono—gas sin color ni olor compuesto de carbono y oxígeno

docena—doce unidades de algo

hongo—ser vivo que no puede producir su propio alimento y come plantas, animales y otros seres vivos

ingrediente—parte de una mezcla

levadura—hongos que se usan para hacer pan

marketing—publicidad y otras actividades que se realizan para vender o promocionar un producto o servicio

materia grasa—tipo de grasa que se usa para hornear algunos productos

mediciones—medidas, pesos o cantidades de algo

niveles—filas o capas que se colocan una sobre otra

panadería—lugar donde se hacen y se venden productos horneados

polvo de hornear—ingrediente de panadería que libera dióxido de carbono

preparación de un presupuesto—mantener un registro de la cantidad de dinero que se puede gastar en un período o con un propósito determinado

receta—lista de ingredientes e instrucciones para preparar un plato

rodillo de amasar—cilindro de madera o metal que sirve para aplanar la masa

rosquillas—pequeñas piezas de masa a las que se les suele dar forma de aro

textura—tacto o aspecto de diferentes superficies

Índice

Acerca de la autora

Lisa Greathouse creció en Brooklyn, Nueva York, y se graduó de la Universidad Estatal de Nueva York en Albany con un título en Inglés y Periodismo. Trabajó como periodista, escritora y editora para Associated Press durante 10 años. Cubría noticias sobre todos los temas, desde ciencia y tecnología hasta negocios y política. También fue editora de una revista y escritora de publicaciones sobre educación y del sitio web de una universidad. En la actualidad, trabaja como escritora en Disneyland Resort, donde supervisa una revista para los empleados. En su tiempo libre, le gusta visitar al ratón Mickey y subirse a la montaña rusa Space Mountain. Está casada, tiene dos hijos y vive en el sur de California.